AF358919

Société Philanthropique Savoisienne

DE PARIS

FONDÉE EN 1833

RÉSUMÉ

*des propositions adoptées dans les Conseils d'adminis-
tration et les Assemblées générales de la Société de
1833 à 1904. recueillies par*

François-Louis MORAND

Président de 1902 à 1904

F. DUCLOZ, IMPRIMEUR-ÉDITEUR

MOUTIERS-TARENTAISE

—

1904

A Monsieur Émile CHAUTEMPS

Ancien président du Conseil municipal de Paris, ancien Ministre des colonies

Député du Faucigny

Président honoraire de la *Société Philanthropique Savoisienne*

à laquelle il a consacré trente ans d'inlassable dévouement.

Hommage de respectueuse affection

François-Louis MORAND

Président de la Société — Mai 1904

A mes Chers Collègues

de la Société Philanthropique Savoisienne de Paris,

Ce modeste opuscule qui vous est offert est un ouvrage de compilation entrepris dans le but d'éclairer et guider les futurs administrateurs de notre Société;

Ayant remarqué qu'au renouvellement annuel du Conseil de la Société correspond toujours une éclosion de propositions considérées comme inédites et qui, aux yeux de leurs auteurs, sont appelées à modifier le fonctionnement de la dite Société;

Ayant aussi constaté que la plupart de ces propositions avaient été adoptées à maintes reprises, sans avoir jamais été suivies d'effet, j'en ai conclu qu'un résumé de ces diverses résolutions pourrait être utile aux futurs membres du Conseil d'administration, puisqu'il leur évitera des discussions stériles et par contre, suscitera peut-être des inspirations vraiment nouvelles, partant efficaces.

Je me suis donc décidé à relire tous nos registres des procès-verbaux depuis 1833. Ce travail, plus pénible qu'intellectuel, sans doute, m'a cependant procuré la satisfaction d'apercevoir dans leur ensemble, l'unité de vue et la marche ascendante de notre chère Société qui est la plus vieille philanthropique provinciale de France à Paris; de même qu'il me permet d'affirmer que tous les présidents et conseils qui se sont succédés n'ont réellement dirigé leurs efforts qu'avec le souci de développer la bienfaisance et l'esprit de solidarité. A ce titre, ils méritent notre reconnaissance, et c'est avec un légitime orgueil que je signale ici cette admirable succession de dévouements ininterrompus. Honneur à la Savoie!

F.-L. MORAND.

MEMBRES FONDATEURS

classés suivant le procès-verbal du 16 septembre 1837

MM. Darbier, chimiste.
Jacquemoud, clerc d'agréé.
Quétand, avocat.
Mignot (Charles).
Dezauche, docteur-médecin.
Dunand (Frédéric).
Caffe, docteur-médecin.
Desmaisons.
Pergod (Jean-Joseph).
Rosset.
Agnellet (François-Benjamin).
Chevrand.
Gerfaud, instituteur.
Veuillet.
Hugonnier.
Vuillet (François.
Andrevetan, docteur-médecin.
Gonthier (François).
Martin (Victor).
Rach (Julien).
Vezin-Martin (Jean-Marie).
Pesay dit Fontaine (Jean).
Mignot (Joséphine).

NOMS

DES

PRÉSIDENTS DE LA SOCIÉTÉ
depuis sa fondation en 1833

MM.	Présidence
DARBIER PHILIPPE, chimiste, né à Moûtiers.	1834-1835
DEZAUCHE HENRI, docteur en médecine, né à Annecy. . .	1835-1836
DEZAUCHE HENRI, — — — . . .	1836-1837
POCQUEL LOUIS, ancien officier, né à Tresserves.	1837-1838
POCQUEL LOUIS, — — . . .	1838-1839
CAFFE, docteur en médecine, né à Chambéry.	1839-1840
CAFFE, — — —	1840-1841
QUÉTAND F., professeur de droit, né à La Roche-sur-Foron	1841-1842
COSTER, docteur en médecine, né à Annecy	1842-1843
COSTER, — — — . . .	1843-1844
COSTER, — — — . . .	1844-1845
COSTER, — — — . . .	1845-1847
ROYER-COLLARD, avocat, né à Chambéry.	1847-1848
BOUVARD E. NEVEU, astronome, né aux Houches. . . .	1848-1850
ROYER-COLLARD, professeur de droit, né à Chambéry. .	1850-1851
ROYER-COLLARD, — — — . . .	1851-1852
CAFFE, docteur en médecine, né à Chambéry.	1852-1853
QUÉTAND F., avocat, né à La Roche-sur-Foron	1853 1854
DESMAISONS, docteur en médecine, né à Chambéry. . .	1854-1855
DESMAISONS, — — — . . .	1855 1856
DAVET DE BENNERY, doctr en médecine, né à Evian-les-Bains	1856-1857
DAVET DE BENNERY, — — —	1857-1859
RUBIN, avocat, né à La Roche-sur-Foron	1859-1860
AGNELLET JOSEPH, manufacturier, né à Saint-Jean-de Sixt.	1860-1862
COSTER, docteur en médecine, né à Annecy	1862 1864
AGNELLET JOSEPH, manufacturier, né à Saint-Jean-de-Sixt.	1864-1866
Général MOLLARD, né à Albens	1866-1868
AGNELLET JOSEPH, manufacturier, né à Saint-Jean-de Sixt.	1868-1870
CHESNAY, docteur en médecine, né à Sallanches.	1870-1871
AGNELLET JOSEPH, manufacturier, né à Saint-Jean-de-Sixt.	1871-1873
RIVAUD JOSEPH, avocat, né à Chambéry.	1873-1875
PÉRILLAT FRANÇOIS, négociant, né au Grand-Bornand. . .	1875-1877
ATRUX FRANÇOIS, négociant, né à Thônes	1877-1879
Dr CHAUTEMPS, conseiller municipal de Paris, né à Valleiry	1879-1881
AGNELLET PARFAIT, négociant, né à Saint-Jean-de Sixt . .	1881-1883
TANTET CHARLES, maire du 3e arrond., né aux Chapelles. .	1883-1885
FORNI JULES, avocat à la cour d'appel, né à Beaufort. . .	1885-1887
Dr CHAUTEMPS, prés. du conseil mun. de Paris, né à Valleiry	1887-1889
FORNI JULES, avocat à la cour d'appel, né à Beaufort. . .	1889-1891
AGNELLET JULIEN, manufacturier, né à Saint-Jean-de-Sixt.	1891-1893
Dr CHAUTEMPS, député du 3e arr., anc. min., né à Valleiry.	1893-1895
GOLLIET A., cons. à la cour d'ap. de Paris, né à Manigod.	1895-1896
FORNI JULES, avocat, député d'Albertville, né à Beaufort .	1896-1898
ROSSET PHILIPPE, nég., cons. gén., né à St-Gervais-l.-Bains.	1898-1900
AGNELLET JULIEN, manufacturier, né à Saint-Jean-de-Sixt.	1900-1902

COMPOSITION ACTUELLE

DU

CONSEIL D'ADMINISTRATION

Pour l'année 1903-1904

Président. . . . . MORAND (François-Louis), ✿, négociant, 46, avenue de Saint-Mandé.

Président honoraire CHAUTEMPS (Emile), député, ancien ministre, 4, quai du Marché-Neuf.

Vice-Présidents . { HUDRY.
PÉRILLAT (Emile), 18, avenue de la Bourdonnais.

Trésorier. . . . . USANNAZ (Maurice), ✿, négociant, 61, rue du Faubourg-Saint-Denis.

Trésorier honoraire. MARIN-LAMELLET (J.-F.), ✿, propriétaire, 96, rue des Archives.

Secrétaires. . . . CHAUTEMPS (Félix), 6, place de Rennes.
DUMONT (M.), 123, rue de la Chapelle.

Conseillers. . . . { CHATRON (Alexis), 75, rue de Vaugirard.
DAVID ROGEAT, 13, rue Chabanais.
MERLINGE (J.-Marie), 27, rue du Caire.
PINGET (E.), 40, rue Secrétan.
USANNAZ, 54, boulevard du Temple.
CHALAMEL (J.), ✳, 7, rue Rouget-de-l'Isle.
CHAPELLE (Marc), 26, rue des Rosiers.
DÉCOSTAZ (Eug.), 10, rue de Paradis.
DÉNARIAZ (F.-B.), 36, rue du Caire.
FAVRE (Léon), 11, rue Chabanais.
ROCH (Auguste), 94, avenue de Neuilly, à Neuilly.
VILLIEN (Henri), 54, rue des Vinaigriers.

A

AGENT

15 Juillet 1879. — Proposition Girod. — Le Conseil décide qu'à chaque séance du Conseil, l'Agent présentera un état des recettes et des dépenses qu'il aura effectuées durant la quinzaine, et les sommes dont il sera détenteur seront versées entre les mains du Trésorier.

1er Septembre 1882. — Proposition Dr Lemoine. — L'Agent doit être logé : nomination d'une Commission pour étudier la question.

9 Octobre 1882. — Le Conseil décide que l'Agent aura 1.500 fr. d'appointements et 3 % de commission pour l'encaissement des cotisations.

1er Décembre 1891. — Le Conseil décide que l'Agent n'assistera plus aux séances du Conseil et se tiendra dans son bureau à la disposition du Conseil.

23 Octobre 1892. — Proposition François Agnellet. — Le Conseil décide qu'à l'avenir l'Agent ne devra pas être Sociétaire.

ABSENCES DES MEMBRES DU CONSEIL

29 Août 1884. — Le Conseil confirme le réglement et rappelle aux membres du Conseil l'obligation d'assister aux séances régulièrement.

ALLOCATIONS DIVERSES

22 Mars 1888. — M. le Président Chautemps Emile annonce que sur ses instances le Conseil Municipal de Paris a accordé une subvention de 500 fr. renouvelable chaque année.

Le Conseil d'Administration remercie chaleureusement le Président et l'assure de sa reconnaissance.

ASSURANCES

11 Juillet 1882. — Le Conseil décide que le mobilier de la Société sera assuré contre l'incendie.

ARCHIVES

25 Juin 1869 (Assemblée Générale). — Le docteur Chesnay propose la reconstitution des Archives et de la Bibliothèque; l'Assemblée approuve.

22 Août 1882. — Proposition Tantet. — Les Rapports des Commissaires seuls seront conservés aux Archives, classés et reliés suivant leur numéro d'ordre. Les lettres de demandes de secours seront détruites. — Les factures payées pour le rapatriement des Indigents seront classées également. Ces soins incombent au Secrétaire attaché à la comptabilité. — Les demandes d'admission seront conservées dans un classeur spécial. — La correspondance administrative, les propositions formulées, ainsi que les Rapports des Commissions seront réunis dans un classeur spécial. (Ces soins incombent au secrétaire chargé des procès-verbaux.)

19 Septembre 1882. — M. Tantet chargé de la réorganisation des Archives, a constaté la disparition du registre des procès-verbaux de 1839 à 1846. — Le Conseil lui donne acte de cette déclaration.

29 Décembre 1882. — (Voir « Bibliothèque »).

8 Juin 1884. — Le Conseil décide qu'un Secrétaire archiviste sera nommé.

11 Août 1903. — Proposition Morand, Président — Les pièces les plus importantes des archives seront relevées et au besoin reliées. — Il constate avec regret que les demandes d'admission n'ont pas été conservées et propose que celles en notre possession soit reliées et prie le Conseil de décider que toutes les demandes d'admission devront être conservées. — Le Conseil adopte.

19 Avril 1904. — M. Morand, Président, informe le Conseil qu'il a classé les archives historiques de la Société; il en a formé 25 dossiers, étiquetés sous chemises séparées. — Le Conseil félicite le Président.

ALLOCUTION

22 Mai 1877. — Le Conseil décide que l'allocution prononcée par M. Quétand sur la tombe de M. Joseph Agnellet sera inscrite au procès-verbal.

AMBULANCES

15 Novembre 1870. — Une Commission est nommée pour visiter les compatriotes blessés ou malades soignés dans les Ambulances.

ADMISSION DES SOCIÉTAIRES

15 Novembre 1881. — Le Conseil décide qu'à la veille des Assemblées Générales les postulants seront admis dans la séance de présentation.

ACTIF DE LA SOCIÉTÉ. (VALEURS COMPOSANT L')

25 Mai 1862. — Résumé d'une discussion au Conseil.— Le capital s'accroit rapidement, il a augmenté de 7.000 fr.

dans un an. — Serait-ce parcimonie ? Il ne faudrait pas que ce fût au détriment des malheureux ? Non ; rien n'a été négligé et toute demande reconnue sérieuse a obtenu satisfaction.

29 Mai 1879.— Le Trésorier fait connaitre qu'en conformité des décisions du Conseil et de l'Assemblée Générale, tous les titres au porteur de la Société ont été échangés contre des titres nominatifs au nom de la Société.

15 Juillet 1879. — (Voir Trésorier).

3 novembre 1891 (Assemblée Générale du). — Proposition Morand et Alphonse Agnellet. — L'Assemblée décide que toutes les valeurs étrangères composant l'actif de la Société seront vendues, notamment la Rente italienne, et le produit employé en achat de valeurs françaises.

13 Novembre 1894. — Le Conseil décide que dorénavant, les comptes rendus des Assemblées Générales porteront, non seulement, le cours des valeurs au jour de l'Assemblée, mais aussi le prix d'achat de ces valeurs.

ACCOLADE

19 Juin 1864 (Assemblée Générale du). — Le Président Dr Coster donne l'accolade fraternelle à son successeur ; il adresse des éloges au Conseil d'Administration et le félicite des bons rapports qui ont toujours régné entre ses Membres.

B

BIBLIOTHÈQUE

25 Juin 1869 (Assemblée Générale du). — Le docteur

Chesnay propose la reconstitution de la bibliothèque et des archives (l'Assemblée approuve).

29 Décembre 1902. — Proposition Morand. — Ce dernier annonce au Conseil qu'il est autorisé par la majorité des anciens Membres du « Cyclamen », Société scientifique, littéraire et artistique des Savoyards de Paris, maintenant dissoute, de déposer la bibliothèque et tous les documents provenant de cette Société, aux archives de la Société Philanthropique Savoisienne. Le Conseil accepte ce dépôt avec empressement et remercie M. Morand de son initiative.

BLAME

5 Mars 1872. — M. Berthaudin, Membre du Conseil, donne lecture d'une lettre écrite par un Membre du Conseil et publiée par le « Patriote Savoisien ». — Cette lettre ayant été écrite, sans l'autorisation du Conseil, « un blâme doit être infligé à l'auteur avec inscription au Procès-Verbal ». — (Le Conseil approuve et adopte.)

BANQUET

7 Mai 1878. — Le Conseil décide de donner un Banquet à la Société chorale d'Annecy, venant à l'Exposition, banquet auquel sera conviée toute la Colonie Savoisienne.

BAL

4 Août 1874. — Transaction avec la Société des Auteurs et Editeurs de musique, moyennant 120 fr. 45. (Le Conseil approuve.)

28 Octobre 1884. — Une lettre sera adressée aux Dames patronnesses avec prière d'user de leur influence pour la réussite du Bal.

25 Novembre 1884. — Proposition du docteur Lemoine

demandant la création d'une caisse de réserve sur les fonds provenant du Bal. (Le Conseil repousse).

25 Novembre 1884. — Proposition Coutin. — Le Conseil adopte une proposition ayant pour but d'accepter le placement des billets par « l'office des théâtres » moyennant 10 0/0.

30 Mars 1886. — Proposition Michaud. — Le Conseil adopte la résolution suivante : « Les Fonds du Bal seront employés à l'achat exclusif de titres nominatifs ».

29 Mars 1887. — Le Conseil décide qu'il sera accordé aux Commissaires du Bal et aux Membres du Conseil une médaille en souvenir de cette fête; celle de M. Forni, Président, sera en argent.

20 Décembre 1898. — Proposition Morand. — Le Conseil adresse des remerciements à la Société chorale « Les Allobroges » pour l'obligeant concours que ses membres ont prêté au Concert-Bal de la Société.

28 Mars 1899 (Assemblée Générale du). — L'Assemblée Générale décide qu'il ne sera dorénavant prélevé aucune somme sur les bénéfices du Bal, notamment pour des secours à distribuer à des sinistrés en Savoie; en conséquence, elle refuse les secours demandés par les incendiés de Langon, de Montaimont et aux éboulés du Mont-Blanc.

BUREAU DE PLACEMENT

9 Octobre 1860. — Proposition H. Morand. — Le Conseil décide qu'un répertoire sera ajouté au registre d'inscription des demandes d'emploi, afin de faciliter les recherches.

22 Octobre 1861. — Proposition du Président Coster. — Vu le grand nombre de Savoyards sans emploi qui s'adressent au Bureau de placement, il sera adressé une circulaire aux Maires des deux départements, afin qu'ils invitent leurs administrés à ne pas venir à Paris, le travail manquant dans la capitale. (Approuvé par le Conseil.)

3 Octobre 1871. — Le Conseil adresse des remerciements à M. Bouverat qui s'offre de placer des compatriotes au Chemin de fer du Nord.

9 Mai 1876. — Le Conseil décide que désormais, 150 prospectus du Bureau de placement seront envoyés par quinzaine à titre de propagande.

10 Avril 1877. — M. Quétant rend compte des efforts tentés pour le placement d'une orpheline, fille d'un de nos Sociétaires. — Le Conseil décide d'allouer 10 fr. par mois pour l'aider à payer sa pension jusqu'à la sortie de l'école.

3 Juillet 1877. — Le Conseil décide qu'un écusson sera placé au siège de la Société pour indiquer ostensiblement le Bureau de placement.

15 Juillet 1879. — Proposition Costerg. — Le Conseil décide que l'agent devra être très difficile dans le choix du personnel placé par le Bureau.

22 Mars 1882. — M. Tantet propose de faire imprimer des circulaires pour informer MM. les commerçants qu'un bureau de placement gratuit existe au siège de la Société, 7, rue de Bondy, et se charge de faire parvenir une partie de ces circulaires à l'Union des Chambres Syndicales, pour de là être distribuées à chaque Syndicat. — Le Conseil approuve et charge M. Tantet de faire le nécessaire.

15 Juillet 1882. — Proposition Alexandre Agnellet. — Le Conseil décide la création d'un registre de réclamations, sur lequel, employés et patrons formuleront leurs réclamations, afin que le Conseil soit tenu au courant de l'opinion de ceux à qui le Bureau rend ou a rendu des services.

2 Août 1882. — Proposition Bouvier. — Ce dernier propose de donner connaissance aux Maires et Conseillers municipaux des départements voisins, que le Bureau tient à leur disposition, des travailleurs pour l'agriculture et la culture. — M. Marin en demande l'inscription dans le Bulletin municipal. — M. Deron dit que des tableaux

pourront être établis et envoyés, et suspendus dans les Mairies ou chez des compatriotes, afin d'être consultés facilement par des demandeurs d'employés. — Ces propositions sont adoptées.

20 Février 1883. — Proposition Atrux. — Le Conseil décide qu'un avis sera affiché dans le Bureau interdisant de cracher sous peine de renvoi.

16 Septembre 1884. — Proposition Tantet. — Le Conseil adopte la résolution suivante : « Il est interdit aux « personnes en quête d'emploi de stationner, de rester « adossées aux boutiques; d'empêcher la circulation et « ce, sous peine d'être exclues du Bureau. »

14 Octobre 1884. — Le Conseil adopte un projet de rédaction d'une circulaire que les Sociétaires adresseront à leurs fournisseurs, afin de faire connaitre le Bureau de placement et le but de la Société.

3 Mars 1885. — Le Président donne lecture d'une lettre du propriétaire se plaignant du stationnement des compatriotes venant solliciter un emploi.

13 Avril 1886. — Proposition Costerg. — Le Bureau de placement devra contenir deux salles séparées pour les hommes et les femmes, ainsi qu'une salle pour les patrons.

11 Février 1890. — Le Conseil décide que toute personne ayant été placée quatre fois dans le cours de l'année sera rayée du Bureau.

11 Mars 1890. — M. Costerg propose que les Membres du Conseil, à tour de rôle, soient chargés, par quinzaine, de la surveillance du Bureau de placement. — Le Conseil adopte.

28 Juin 1890. — Le Conseil décide qu'il sera interdit de fumer dans le Bureau. Cette décision sera affichée et l'agent devra y tenir la main.

19 Mai 1891. — M. Dubonnet propose la création d'un tableau-réclame, destiné à être remis aux principales Maisons de Commerce de Paris appartenant à des compatriotes, pour vulgariser l'œuvre de la Société et de

prévenir ces compatriotes de l'aide que la Société en attend, comme aussi de faire connaître, surtout en Savoie, que nos moyens d'action sont limités, et éviter ainsi des déceptions.

30 Juin 1891. — Proposition Edmond Poncet. — Les Membres du Conseil seront chargés de visiter chez leurs patrons les personnes placées par le Bureau, pour les engager à se tenir en place et recueillir des renseignements auprès des patrons pour savoir si ces derniers sont satisfaits de leur service. — Le Conseil adopte.

30 juin 1891. — Proposition Chrétien. — Une Commission de deux membres du Conseil, par quinzaine, sera nommée pour surveiller le Bureau.

17 novembre 1891. — Le Gérant de l'immeuble se plaint de nouveau et dit que nos compatriotes venant se placer font trop de bruit et causent du scandale. — Le Conseil décide que les mesures les plus énergiques devront être prises pour modifier cette situation.

14 Mai 1895. — Proposition Borrel Théophile. — Le Conseil décide la création d'un livre devant porter les observations des Commissaires de quinzaine chargés de la surveillance des Bureaux. — Ce livre ne sera jamais en la possession de l'agent.

4 Décembre 1895. — Proposition Morand demandant que le Bureau soit ouvert de 9 h. à midi et de 2 h. à 6 heures, au lieu de 1 h. à 5 heures et fermé le matin. — Adopté.

4 Décembre 1900. — M. Coutin propose de mettre à exécution la décision antérieure du Conseil, disant que chaque personne qui refuse quatre emplois différents, sera exclue du Bureau. — Adopté.

3 Janvier 1901. — M. Coutin propose diverses modifications au fonctionnement du service des emplois et l'étude d'un système permettant de se rendre compte rapidement des emplois occupés par chaque postulant. — Le Conseil décide qu'une Commission sera nommée pour étudier le système de fiches personnelles.

1er Juin 1902. — Proposition Tantet, demandant qu'une médaille soit décernée aux compatriotes placés par la Société qui seront restés le plus longtemps dans les mêmes places. L'Assemblée générale adopte cette proposition.

29 Décembre 1902. — Proposition Morand. — Une Commission sera nommée pour l'élaboration d'une circulaire destinée à étendre les opérations du Bureau de placement et à faire connaître aux Commerçants et Industriels l'existence de notre Bureau. — Le Conseil adopte.

15 Décembre 1903. — Une Commission est désignée pour étudier les moyens d'étendre et de perfectionner le Bureau de placement.

5 Avril 1904. — Le Conseil décide l'envoi d'une circulaire appelant l'attention du Commerce et de l'Industrie sur le Bureau de placement. — Le Président est autorisé à faire tirer 10.000 circulaires qui seront envoyées par série.

(Voir circulaire de propagande).

BONS DE VIVRES ET DE CONSOMMATION

13 Décembre 1870. — Proposition Chavoutier demandant de se procurer pour 300 ou 400 fr. de bons de vivres à distribuer, au lieu de secours en espèces. — Le Conseil approuve.

24 Juin 1894 (Assemblée Générale du). — Sur la proposition Longerey, la création de bons de vivres à 0 fr. 25 est décidée. — Ces bons ne pourront être donnés qu'aux Savoyards. — M. Morand est nommé Trésorier-Adjoint, délégué aux Bons de vivre.

29 Décembre 1902. — Proposition Morand, Président. — Le Conseil décide qu'il sera fait un appel dans les journaux de la Colonie, à seule fin que les Compatriotes établis, dans les divers quartiers de Paris, qui seraient désireux d'accepter nos Bons en paiement puissent se faire connaître.

C

CIRCULAIRES DE PROPAGANDE

19 Juin 1877. — Le Conseil décide qu'une lettre circulaire sera adressée aux patrons ou chefs de divers établissements pour attirer leur attention sur le Bureau de placement. — MM. Chautemps et Chrétien sont chargés de faire le nécessaire.

12 Août 1879. — Proposition Vianey. — Une circulaire sera envoyée à tous les Maires des deux Savoies pour leur faire connaître l'existence de la Société Philanthropique Savoisienne et les inviter à obtenir de leur Conseil municipal l'inscription comme membre de la Société.

7 Août 1883. — Proposition Tantet. — Une circulaire signée des Membres du Bureau et du Président honoraire signalant les services rendus par la Société sera envoyée à tous les Savoyards habitant Paris. — Le Conseil adopte et arrête les termes de la circulaire.

24 Septembre 1901. — Proposition V. Laydernier. — Ce dernier donne lecture d'une lettre circulaire destinée aux Maires des deux Savoies pour leur rappeler les services rendus par la Société et les bienfaits du bureau de placement. — Cette circulaire demande notamment à MM. les Maires de faire leur possible pour que leurs communes respectives fassent acte d'adhésion à la Société soit comme Membres actifs, soit comme membres à perpétuité. — Le Conseil adopte et félicite M. Laydernier.

Voir Propagande. — Voir Recrutement des Sociétaires. — (Voir aussi « Bureau de placement » 22 Octobre

1861, 22 Mars 1882, 14 Octobre 1884, 2 Août 1884, 2 Août 1882, 19 Mai 1891.

COTISATIONS

19 Juin 1877. — Le Conseil décide que seul le Trésorier sera chargé de recevoir les cotisations de la province.

10 Juin 1884. — Le Conseil décide que les cotisations pourront se percevoir à l'entrée des Assemblées Générales. Une affiche sera apposée pour prévenir les sociétaires.

Assemblée Générale du 15 juin 1884. — Il est proposé de faire encaisser les Cotisations par la Société Générale ou la Poste— L'Assemblée Générale décide de s'en rapporter à la sagesse et à la vigilance du Conseil.

23 Décembre 1884.— Proposition Alexandre Agnellet, demandant l'encaissement des cotisations par une agence spéciale. — Cette proposition est ajournée.

27 Octobre 1885. — Proposition Tantet demandant que les cotisations très en retard soient encaissées par une maison spéciale, moyennant 1 0/0. — Le Conseil repousse et décide que l'agent classera les quittances par arrondissement et que divers Membres du Conseil s'en chargeront.

2 Août 1887. — Le Délégué aux Cotisations sera chargé de parapher le registre, mais non de le garder; il devra faire un pointage chaque quinzaine.

12 février 1901. — Le Conseil décide que le Sociétaire, en retard de ses cotisations, devra toujours payer la plus ancienne quittance pour arriver à se libérer entièrement.

COMPTE RENDU

2 Novembre 1869. — Proposition docteur Chesnay.— Le Conseil décide qu'une collection de tous les Comptes Rendus antérieurs sera reliée.

5 Décembre 1876. — Proposition Atrux père deman-

dant : 1° Que les Comptes Rendus annuels portent deux listes ; l'une des Membres à perpétuité admis à titre honorifique et l'autre des Membres à perpétuité moyennant rachat de leurs cotisations ou versement d'une somme équivalente. (Voir Membres à perpétuité et Membres honorifiques). — Les fonds de ce chef seront inaliénables et placés au fur et à mesure de leur rentrée. — (Voir fonds inaliénables).

5 Décembre 1876. — (Voir la proposition du docteur Dézauche à « Livre Matricule des Sociétaires) ».

17 Juillet 1877. — Le Conseil décide que dans une séance extraordinaire, il sera toujours donné connaissance du Compte Rendu avant l'impression,

25 Septembre 1877. — L'extrait du Règlement sera inscrit en tête du Compte Rendu.

18 Août 1885. — Proposition Alphonse Agnellet demandant que le Compte Rendu soit imprimé après l'Assemblée Générale du printemps. — Le Conseil adopte.

1er Février 1898. — Le Conseil accepte de M. F. Morand les Comptes Rendus reliés de 1887 à 1897 et l'en remercie chaleureusement.

16 Septembre 1902. — Proposition Paclet. — Le Conseil décide que quelques pages des Comptes Rendus seront réservées pour faire de la publicité payante.

7 Avril 1903. — Proposition Morand, Président, demandant qu'une collection des Comptes Rendus soit envoyée aux Archives de la Haute-Savoie. — Le Conseil adopte.

3 Novembre 1903. — Proposition Morand, Président, demandant que sur la couverture du Compte rendu un état synoptique des secours et rapatriements accordés, ainsi que des compatriotes placés depuis 1833, soit imprimé bien en vedette : elle est adoptée par le Conseil.

17 novembre 1903. — Proposition Chatron demandant qu'au lieu du nom de l'imprimeur, la couverture du

Compte rendu porte le nom de « Société Philanthropique Savoisienne de Paris », 17, rue Meslay. — Adopté.

CONDOLÉANCES

15 Janvier 1878. — Le Conseil décide que des condoléances, par lettre, seront envoyées à l'ambassade d'Italie au sujet de la mort du roi Victor-Emmanuel II, Duc de Savoie, Bienfaiteur de la Société.

8 Octobre 1878. — Le Conseil adopte la proposition suivante déposée par M. Emile Chautemps :

Une carte de condoléance sera envoyée aux parents des Sociétaires décédés lorsque le Conseil aura été prévenu du deuil qui les frappe. La carte sera libellée ainsi :

Le Président du Conseil d'Administration
de la Société Philanthropique Savoisienne de Paris.

19 avril 1904. — Le Conseil approuve la démarche faite par M. Morand, au nom du Conseil, auprès de M. Emile Chautemps, Président honoraire, en raison de la perte cruelle que celui-ci vient d'éprouver en la personne de son second fils, administrateur colonial, tué au Sénégal.

CORRESPONDANCE

14 Juin 1876. — Le Trésorier seul est chargé de recevoir et décacheter les lettres recommandées.

25 Mai 1897. — Le Conseil décide que l'agent est autorisé à dépouiller le courrier arrivant, 17, rue Meslay, au siège de la Société.

CONSEIL

VOIR PROPOSITIONS FAITES AU CONSEIL

7 Février 1894. — Le Conseil décide de s'adjoindre des Sociétaires ne faisant pas partie du Conseil, étant donnée la mauvaise volonté apportée par divers Administrateurs.

CONSEIL DE FAMILLE

26 Mai 1895 (Assemblée Générale du). — Proposition Boymond demandant que les articles ayant trait au Conseil de Famille soient rétablis. — L'utilité et l'efficacité en sera grande dans certaines questions délicates et particulières et dans les questions d'honneur; M. Chautemps appuie. — La proposition est adoptée.

CAISSE DES SINISTRÉS

19 Février 1895. — Lecture est donnée au Conseil, du projet de création d'une Caisse de secours aux sinistrés des deux Savoies, en dehors de la Société Philanthropique Savoisienne. — Voir Sinistrés.

COMPTES DE L'AGENT

27 Janvier 1882. — Le Conseil décide, que les comptes de l'agent seront arrêtés et réglés chaque fin d'année.

CONVOCATION AUX SÉANCES DU CONSEIL

20 Mai 1879. — Le Conseil adopte la proposition suivante : Trois jours avant chaque mardi de réunion du Conseil, une lettre de convocation pour assister à ce Conseil, sera adressée à tous les Membres de la Société, à tour de rôle et par ordre d'ancienneté. — Ces Membres auront voix consultative, non délibérative.

4 Juillet 1893. — Proposition Théophile Borrel. — Le Conseil décide qu'une convocation sera adressée pour chaque séance du Conseil.

7 Août 1894. — Le Conseil décide que dorénavant les convocations seront faites et envoyées par un des Secrétaires qui indiquera l'ordre du jour fixé.

COMITÉ DE SURVEILLANCE

25 Juin 1869 (Assemblée Générale du). — Le docteur Chesnay propose la formation réglementaire d'un Comité de surveillance. — L'Assemblée adopte.

CARTES D'IDENTITÉ

11 Février 1880. — Proposition Avrillier. — Autrefois chaque Membre du Conseil avait une carte nominative de la Société pour servir d'introduction; il demande de revenir à cet excellent usage. — Le Conseil adopte.

COMPTE RENDU DES TRAVAUX DU CONSEIL

VOIR TRAVAUX DU CONSEIL

9 Décembre 1884. — Proposition Alexandre Agnellet. — Le Secrétaire rédigera le Compte Rendu des travaux du Conseil destiné à la publicité.

CLÉS

9 Mai 1876. — Le Conseil décide que le Président sera chargé de faire confectionner des clés pour la bibliothèque, six clés pour la porte d'entrée et des serrures de sûreté.

CINQUANTENAIRE DE LA SOCIÉTÉ

1er Mai 1883. — Le Conseil décide que le Cinquantenaire de la Société sera commémoré par une Fête et un Banquet.

D

DIPLOMES

2 Juillet 1878. — Proposition Atrux, père. — Les diplômes n'ont pas été distribués depuis trois ans ; il demande donc qu'ils soient signés et délivrés immédiatement après avoir été visés par le Président honoraire M. Dézauche.

8 Juillet 1884. — Proposition Emile Chautemps. — Le Conseil décide que, quelle que soit la date de réception des Sociétaires, le diplôme sera signé par le Bureau existant au moment de la signature.

DRAPEAUX

17 Octobre 1893. — Proposition Rey de la Combaz. — Le Conseil décide, qu'à l'occasion de l'arrivée, à Paris, des Souverains alliés, l'achat de drapeaux russes sera effectué pour contribuer à la décoration de la rue de Bondy.

DÉCHARGE DE DÉPOTS DE TITRES

8 Août 1871. — Le Conseil donne décharge, à M. le Président Chesnay, des titres qu'il a reçus en dépôt le 12 septembre 1870 « en vue de les préserver du pillage pendant les époques troublées que nous ont occasionné nos désastres ». — Le Conseil remercie chaleureusement le Président Chesnay et lui vote des félicitations. — Voir sécurité de l'actif en 1870.

DEMANDE D'ADMISSION COMME SOCIÉTAIRE

VOIR PRÉSENTATION DES SOCIÉTAIRES

DÉPENSES

14 Mai 1872. — Le Conseil décide que les dépenses diverses et frais de bureau, seront réglés chaque séance.

15 Juillet 1879. — Le Conseil décide qu'aucune dépense, quelle qu'en soit la nature, ne pourra être engagée en dehors des conditions des articles 22 et 24 des Statuts.

DÉMÉNAGEMENT

13 Juin 1882. — Une Commission est nommée pour surveiller et faire le nécessaire à l'occasion du déménagement de la rue de Bondy à la rue Meslay.

DÉCORATION

7 Février 1860. — M. Agnellet Joseph, Président, est décoré de l'ordre de Saints Maurice et Lazare : le Conseil lui adresse toutes ses félicitations.

DISPENSE DE COTISATION

4 Janvier 1876. — Un Sociétaire depuis trente ans, écrit que, par suite de revers de fortune, il ne peut continuer à payer sa cotisation. — Le Conseil, considérant l'ancienneté du Sociétaire, les services rendus, décide qu'il sera maintenu comme membre sans payer de cotisation.

DÉCISION DE L'ASSEMBLÉE GÉNÉRALE

25 Juin 1869 (Assemblée Générale du). — Le docteur Chesnay demande que toutes les décisions prises par l'Assemblée Générale, ayant une portée administrative, soient inscrites et mises à exécution. — L'Assemblée approuve.

E

ENQUÊTE

16 Octobre 1889. — Le Conseil décide qu'il est interdit à l'Agent d'indiquer le nom des Commissaires chargés de faire des enquêtes pour secours ou autre objet.

26 Octobre 1897. — Le Président Forni invite les Membres du Conseil à être précis dans leur rapport; de ne jamais oublier les noms, prénoms, qualités et origine des Compatriotes qui demandent des secours.

EXPOSITION

Sur la proposition de M. Morand, le Conseil décide que la Société sera représentée à l'Exposition Universelle de 1900. — Une Commission est nommée : elle se compose de MM. F. Morand, P. Rosset et F. Dupont, avec mission de faire le nécessaire pour l'admission.

28 Août 1900. — (Voir Médaille). Le Président fait connaître que la Société Philanthropique Savoisienne a obtenu une Médaille d'or à l'Exposition de 1900. — Le Conseil félicite MM. Poncet et Morand qui n'ont ménagé ni leur temps ni leurs peines pour les travaux intellectuels et matériels nécessités par l'Exposition.

21 Avril 1903. — Sur la proposition de M. Morand, Président, la Société sera représentée à l'Exposition de Saint-Louis (Amérique), à la condition absolue de la gratuité.

ÉLECTION

25 Mai 1862 (Assemblée Générale du). — Election d'un

Vice-Président. — Le Conseil propose M. Parfait Agnellet. L'Assemblée M. Chatenoud. — M. P. Agnellet est élu.

29 Juin 1879 (Assemblée Générale du). — Proposition Borrel Th. — Le Candidat aux fonctions de Membre du Conseil devra réclamer son inscription préalable au tableau.

ENCAISSEMENT DES COTISATIONS

3 Octobre 1882. — Le Conseil décide que l'Agent aura 1.500 fr. d'appointements et touchera 3 % de commission sur les Cotisations.

16 Février 1886. — L'Agent aura 5 % de provision sur l'encaissement des Cotisations avec obligation de les encaisser lui-même dans Paris.

15 Mars 1887. — L'Agent aura 5 % de gratification sur les Cotisations des Membres à perpétuité.

12 Juin 1894. — Le Conseil décide qu'il sera alloué à l'Agent 8 fr. seulement, par Membre à perpétuité, au lieu de 5 %.

30 Octobre 1894. — Le Conseil décide qu'il ne pourra être donné un aide à l'Agent pour encaisser les Cotisations — le rôle principal de l'Agent étant précisément l'encaissement des Cotisations.

1er Février 1898. — Proposition Chrétien demandant l'adjonction d'une personne à l'Agent pour les recouvrements, afin de tenir le Bureau ouvert toute la journée. — Le Conseil repousse la proposition.

5 Avril 1904. — Proposition F. Morand, Président, demandant que l'Agent se présente personnellement chez les Sociétaires pour encaisser la cotisation. — Le Conseil approuve et recommande strictement l'application de cette motion.

F

FÉLICITATIONS

19 Mars 1877. — Le Conseil décide que le Président et les deux Vice-Présidents iront au nom de la Société féliciter un Collègue, M. Mercier, nommé 1er Président de la Cour de Cassation.

26 Juin 1882 (Assemblée Générale du). — Sur la proposition Taberlet, l'Assemblée acclame chaleureusement M. Forni, Président, et décide par un vote qu'il a bien mérité de la Société Philanthropique Savoisienne.

12 Mai 1889. — M. Porret adresse une lettre de félicitations à M. Chautemps pour sa nomination à la Présidence du Conseil municipal. — M. Chautemps répond en remerciant le Conseil de ses attentions bienveillantes.

29 Décembre 1903. — Proposition Chatron demandant qu'à l'occasion du nouvel an des félicitations et des remerciements soient adressés à M. Emile Chautemps, Président honoraire, pour le résultat de ses nombreuses interventions en faveur des protégés de la Société, surtout pour les nombreuses hospitalisations de vieillards qu'il a obtenues de l'assistance publique. — Le Conseil adopte.

FROTTEUR

20 Février 1889. — Proposition Taberlet. — Le Conseil repousse la dépense de 5 fr. par mois au frotteur et décide que l'Agent sera chargé de cette corvée.

FINANCES

14 Novembre 1882 (Assemblée Générale du). — Pro-

position de Chappaz Félix qui demande que tous nos titres soient déposés à la Banque de France; l'Assemblée Générale repousse cette proposition.

FONDS INALIÉNABLES

5 Décembre 1876. — Proposition Atrux. — Les fonds provenant des Membres à perpétuité moyennant rachat de leur cotisation ou versement d'une somme équivalente seront inaliénables et placés au fur et à mesure de leur entrée. — Adopté.

I

IMPRIMÉS

9 Février 1904. — Proposition Morand, Président, demandant que les types d'imprimés dont se sert la Société soient remis dans un bibliorapte avec le nom des fournisseurs et les prix payés.

INONDÉS SAVOISIENS (Voir Sinistrés)

INSIGNES

23 Novembre 1886. — Proposition demandant la création d'un insigne de décoration pour les Sociétaires. — Le Conseil adopte sous la condition qu'une souscription sera ouverte au siège de la Société pour l'achat de cet insigne dont le modèle sera étudié.

16 Juillet 1889. — Proposition Costerg. — Les insignes devront être portés aux enterrements et dans toutes les occasions où la Société sera représentée.

3 Mars 1897. — Proposition Borrel, demandant de faire frapper des Médailles qui seraient remises à chacun des Membres du Conseil.

11 Août 1903. — Proposition Morand, Président, demandant que les vieux insignes de la Société, ayant appartenu aux ancêtres de la Société, soient placés sous une petite vitrine pour être conservés aux archives. — Le Conseil adopte.

INCENDIES EN SAVOIE (Voir Sinistres)

4 Juin 1861. — M. Chavoutier proteste contre le secours de 500 fr. envoyé aux incendiés de Leschaux et Nancy-sur-Cluses, la Société n'ayant pas ce droit. — Le Conseil prend acte de la protestation, mais s'incline devant le fait accompli.

29 Juillet 1867. — Pour les incendies en Savoie, M. Dubonnet propose d'ouvrir une souscription au siège de la Société et d'organiser un concert. Le Conseil se rallie à ces deux excellentes idées et adopte les propositions.

5 Octobre 1869. — Incendie de Doucy (Savoie). — Le Conseil décide qu'une souscription sera ouverte au siège de la Société.

29 Août 1876. — Incendie de Marlioz. — Le Conseil est unanime à penser que les Statuts s'opposent à l'envoi de secours aux Savoisiens n'habitant pas Paris. — M. Chautemps est prié d'en informer M. Daudens qui avait demandé un secours pour la commune de Marlioz.

4 Juin 1878. — Incendie de Bourg-Saint-Maurice. — Le Conseil refuse un secours, les Statuts s'y opposant. Toutefois une quête sera faite à l'issue de l'Assemblée Générale.

INSCRIPTION DES EMPLOIS (Voir Reg.)

INTERNEMENT

28 Juillet 1903. — Proposition Morand demandant que

des démarches soient faites près de la Préfecture de police pour obtenir la liberté d'une compatriote internée arbitrairement. — Le Conseil charge M. Félix Chautemps, avocat, de faire les démarches.

J

JOURNAUX

7 Décembre 1902 (Assemblée Générale du). — Sur la proposition Taberlet, l'Assemblée décide que la Société Philanthropique Savoisienne n'a aucune attache spéciale avec aucun journal de la Colonie et qu'elle n'a pas d'organe officiel.

L

LEGS

10 Janvier 1860. — Le roi Victor-Emmanuel, duc de Savoie, a accordé à la Société une somme de 300 francs. Le Conseil remerciera officiellement.

3 Mai 1864. — Le Conseil accepte avec reconnaissance le legs de 2.000 francs que notre compatriote Socquet, décédé le 26 Février 1864 a bien voulu faire à la Société (le legs a été versé par le fils le 26 janvier 1866). — M. Socquet a été nommé Membre à perpétuité.

30 Juin 1861. — M. Vittoz, Membre de la Société, lègue une somme de 400 francs. — Le Conseil accepte avec reconnaissance et nomme M. Vittoz, Membre à perpétuité.

5 Avril 1870. — M. Girod, Membre de la Société, lègue à la Société une somme de 400 francs. — Le Conseil accepte avec reconnaissance et remerciera officiellement.

4 Janvier 1876. — M. Dayve, Membre de la Société,

lègue une somme de 1.000 francs. — Le Conseil accepte avec reconnaissance et remercie chaleureusement le généreux donateur.

22 Mai 1904. — Le Conseil accepte avec reconnaissance le legs de 1.000 francs fait par notre collègue Marin-Lamellet, ancien Trésorier-Honoraire et le nomme Membre à perpétuité.

LIVRES D'OR

15 Juin 1884 (Assemblée Générale du). — L'Assemblée décide la création d'un Livre d'or renfermant le nom de tous ceux qui ont contribué à la fondation et à la prospérité de la Société, par un ferme attachement à cette institution, et leur dévouement inaltérable. — Ce Livre recevra le nom de ceux qui s'inscriront pour une somme de 20 francs.

M. Tantet, Président, propose que les Armes de la ville de Paris soient accotées aux Armes de la Savoie sur la couverture du Livre d'or. — Le Conseil adopte. — La 1re partie comprendra le nom des donateurs de la Société. — La 2me partie se composera du nom des Présidents, Vice-Présidents et Trésoriers de la Société et des Sociétaires ayant rendu d'importants services. — Ensuite les Membres à perpétuité. — Le Conseil adopte.

9 Décembre 1884. — Les fonds provenant des souscriptions au Livre d'or seront employés à l'achat de rentes dont les revenus seuls seront dépensés.

LIT A L'HOSPICE DE CHAMBÉRY

2 Août 1887. — Le Conseil félicite M. de Chambost, dispensateur de plusieurs lits à l'hospice de Chambéry, d'y avoir bien voulu faire admettre un ancien Membre de la Société tombé dans le malheur.

LOCAUX

5 Mai 1869.— La Société « l'Union Chrétienne » se réu-

nissant tous les 20 jours, demande l'autorisation de tenir ses séances au siège de la Société. — Le Conseil après longue discussion autorise, moyennant une redevance de 50 fr. par mois et se réserve la faculté de retirer cette autorisation quand bon lui semblera.

6 Mai 1879. — Le Conseil prend en considération la demande de la Société Mutuelle Savoisienne qui sollicite le prêt des locaux une fois par mois et il décide d'accorder cette autorisation gratuitement et provisoirement, mais il entend conserver sa liberté d'action. L'Agent ne devra pas s'occuper de cette Société.

29 Juin 1879 (Assemblée Générale du). — L'Assemblée confirme l'autorisation donnée par le Conseil à la Société Mutuelle Savoisienne pour le prêt des locaux.

2 Mars 1887. — Le Conseil décide que la salle du Conseil sera prêtée aux organisateurs de la Fête donnée pour venir en aide aux incendiés de Passy.

31 Juillet 1900. — Le Conseil rejette la proposition de M. Chappaz, instituteur, auteur du langage instantané, demandant à faire une ou deux conférences dans le local de la Société, le règlement s'y opposant.

10 Mars 1903. — Le Conseil repousse la proposition Borrel tendant à la location des locaux de la Société pour la Ligue Savoisienne d'enseignement.

21 Avril 1903.— M. Miédan-Gros demande au Conseil, au nom de quelques Sociétés Savoisiennes, de bien vouloir louer les locaux de la Société. — Une commission est nommée à cet effet.

LIVRE MATRICULE DES SOCIÉTAIRES

5 Décembre 1876. — Proposition du docteur Dézauche demandant d'établir sur le Livre matricule ainsi que sur le Compte rendu annuel le nom de tous les Membres à perpétuité, en même temps qu'ils figureront sur la liste spéciale en tête du Compte rendu.

25 Mai 1897. — M. Morand, vice-président, chargé par

le Conseil d'établir le Livre matricule des Sociétaires, reçoit des félicitations pour le travail long et difficultueux qu'il a accompli. — Ce Livre ne lui a pas demandé moins de 9 mois pour être mis à jour.

LIVRE DE PRÉSENCE

28 Janvier 1902.— Proposition Rey-Golliet demandant que le Conseil décide la création d'un Livre de présence aux séances du Conseil au lieu des feuilles volantes en usage actuellement. — Le Conseil adopte.

MINISTRES

17 Avril 1860. — M. Pradier-Fodéré entretient le Conseil de la visite faite près du Ministre de l'Intérieur au sujet de la situation que l'annexion pourra créer à la Société Philanthropique. — Rien ne sera changé à son fonctionnement.

22 Novembre 1899. — M. Chautemps, président, fait connaitre au Conseil que M. le Ministre du Commerce se propose de faire une visite à la Société. — Le Conseil accueille avec empressement cette annonce.

5 Décembre 1899. — M. Millerand, Ministre du Commerce, rend officiellement une visite à la Société, assiste à une séance du Conseil, se rend compte de son fonctionnement. Il félicite le Président et le Conseil de l'œuvre humanitaire et de la direction éclairée qui lui est donnée. Il profite de l'occasion pour décerner quelques récompenses à plusieurs des Sociétaires.

MODE DE DISTRIBUTION DES SECOURS

VOIR SECOURS

MÉDAILLES (VOIR INSIGNES)

28 Août 1900. — Le Président fait connaître que la Société Philanthropique Savoisienne a obtenu une médaille d'or à l'Exposition de 1900. (Voir Exposition).

1ᵉʳ Juin 1902 (Assemblée Générale du). — Proposition Tantet. — Une médaille sera décernée aux compatriotes placés par la Société qui seront restés le plus longtemps dans la même place. — L'Assemblée Générale adopte la proposition.

MODIFICATION DES STATUTS

2 Décembre 1889. — Proposition du docteur Lemoine. — Toute proposition de modification des Statuts devra être déposée sur le bureau de l'Assemblée Générale et signée de 5 Membres. — Elle sera renvoyée au Conseil d'Administration qui devra désigner un de ses membres pour faire un rapport à l'Assemblée Générale suivante. — Cette proposition a été rejetée par l'Assemblée Générale du 15 Juin sur le rapport Atrux. — Voir les derniers Statuts au sujet de la modification des Statuts.

MEMBRES AMIS OU BIENFAITEURS

26 Juin 1889. — Proposition Tantet. — Le Conseil approuve la proposition de mettre sur le Compte rendu à la suite de la liste des Membres à perpétuité, ceux qui n'étant pas Savoisiens, mais voulant s'associer à notre œuvre comme Membres amis, paieront les cotisations.

7/21 Avril 1903. — Proposition Hudry. — M. Phal, non originaire de la Savoie, membre ami, sera classé parmi les Sociétaires. — M. Coutin proteste ainsi que plusieurs membres du Conseil ; cette motion étant anti-statutaire devra être rapportée. — Le Conseil adopte néanmoins.

21 Avril 1903. — Proposition Félix Chautemps, qui demande l'extension de la faculté d'admission comme membre actif aux non originaires de la Savoie pourvus d'un mandat électif. — La proposition est appuyée et sera soumise à l'Assemblée Générale.

MEMBRES A PERPÉTUITÉ

5 Décembre 1876. — Proposition Atrux, demandant que les Membres à perpétuité soient divisés en deux listes. — 1° Ceux admis à titre honorifique. — 2° Ceux qui ont racheté leur cotisation ou opéré un versement équivalent. — Voir à Compte rendu même date.

28 Septembre 1886. — Proposition Taberlet. — Le rachat des cotisations pourra être fait par acompte ; le versement des 240 francs pourra être effectué en 5 ans ; en cas de démission ou décès, les fonds resteront acquis à la Société. — Cette proposition a été rejetée le 24 mai 1887, puis finalement adoptée le 7 juin 1887.

MARIAGE

26 Octobre 1875. — Un compatriote sollicite l'intervention de la Société pour lui faire contracter mariage avec une compatriote. — Le Conseil regrette de ne pouvoir accepter la demande.

O

OUVERTURE DES BUREAUX

7 Août 1896. — Proposition Morand. — Le Conseil

décide que le bureau sera ouvert le matin à 8 h. 1/2 précises.

OUVROIR

6 Mai 1894. — Proposition Longerey, concernant la création d'un Ouvroir. — Le projet est repoussé.

COMMUNE D'ORIGINE DES SOCIÉTAIRES

23 Novembre 1886. — M. Million propose que le lieu de naissance des Sociétaires soit porté en face du nom sur le Compte rendu. — Rejeté par l'Assemblée Générale du 12 Décembre 1886.

OBSÈQUES

26 Juin 1894. — Le Conseil décide que la Société sera représentée aux obsèques nationales du Président Carnot. — Une couronne sera offerte portant l'inscription « Société Philanthropique Savoisienne de Paris ».

8 Décembre 1896. — Proposition Morand demandant qu'à chaque séance le Conseil nomme deux membres chargés de représenter la Société aux obsèques des Sociétaires décédés dans la quinzaine. — Le Conseil adopte.

P

PRÊT OU LOCATION DES LOCAUX
(voir Locaux)

PROPAGANDE

1er Février 1898. — Proposition Chrétien, demandant

que les listes électorales soient relevées afin de connaitre le nom des Savoisiens inscrits pour leur signaler la Société Savoisienne et solliciter leur adhésion. — Cette proposition est prise en considération.

(VOIR CIRCULAIRE DE PROPAGANDE)

28 Juillet 1884. — Proposition Ch. Buet. — Ce dernier demande qu'une propagande active soit faite pour le recrutement des Sociétaires et invite les membres du Conseil à rechercher et donner le nom de tous les Savoisiens qu'ils peuvent connaitre. — Le Président fera faire un relevé sur le « Bottin » de tous les Savoisiens habitant Paris.

11 Novembre 1884. — Proposition Buet. — Le Conseil adopte la teneur d'une lettre adressée à toutes les villes de la Savoie pour solliciter leur adhésion.

14 Novembre 1893. — M. Dubonnet propose, dans un but de propagande, d'établir un calendrier au nom de la Société Philanthropique Savoisienne. — Proposition repoussée.

9 Juillet 1895. — Proposition Hudry, demandant qu'une propagande active soit faite auprès des municipalités de Savoie, pour qu'elles se fassent inscrire comme membres de la Société. — Le Conseil adopte.

Assemblée Générale du 7 Juin 1902. — Proposition Chrétien, demandant qu'une active propagande soit faite pour obtenir des adhésions et qu'une commission soit nommée à cet effet. — L'Assemblée Générale adopte.

PLACEMENTS
VOIR BUREAU DE PLACEMENT

PRESENCES
VOIR LIVRE DE PRÉSENCE

PORTRAITS

31 Mars 1874. — M. Quétand, avocat, offre à la Société

un médaillon en bronze de l'illustre astronome Bouvard, ancien Président honoraire de la Société. — Le Conseil accepte avec empressement et remercie M. Quétand pour ce don généreux

19 Septembre 1882. — Sur un rapport très intéressant de M. Tantet le Conseil décide, qu'en raison du cinquantenaire de la fondation de la Société, une galerie des portraits des anciens Présidents sera établie au siège de la Société. — Le Conseil adopte avec empressement.

1ᵉʳ Mai 1883. — Le Conseil vote des remerciements à M. Atrux qui a bien voulu voir M. Royer Collard fils pour obtenir le portrait de son illustre père, ancien Président.

15 Mai 1883. — Le Conseil adopte la proposition Facemaz demandant que le Conseil sortant se fasse photographier. Il est bien entendu que les frais seront supportés par chacun des Membres du Conseil.

19 Février 1895. — Le Conseil vote l'achat du portrait du général Mollard, ancien Président, fait par un compatriote, le peintre Burgat.

4 Novembre 1902. — Proposition F. Morand, Président. Ce dernier explique au Conseil que la plupart des portraits des anciens Présidents figurant à la galerie de la Société ne portent aucun nom, aucune mention, ni date. — Avec le temps, un oubli ou une confusion étant possibles, il demande l'autorisation de faire établir un cartouche où seront mentionnés le nom du Président et la date de sa présidence. — Le Conseil adopte.

PRÉSIDENTS HONORAIRES

Janvier 1876. — Proposition Quétand, avocat. — Les Présidents honoraires devront figurer en tête de la liste des Membres à perpétuité. — Adopté.

26 Mai 1895 (Assemblée Générale du). — Une proposition est déposée sur le bureau de l'Assemblée Générale demandant que M. Emile Chautemps, Ministre des Colonies

ancien Président, soit nommé Président d'honneur. — Cette proposition suivra son cours habituel.

8 Décembre 1895 (Assemblée Générale du). — En conformité de la proposition faite à l'Assemblée Générale du 26 Mai 1895, M. Emile Chautemps est nommé à l'unanimité Président d'honneur de la Société.

PROTESTATION

16 Janvier 1877. — M. Burnier proteste contre une circulaire adressée aux Savoisiens habitant Paris, disant que la Société ne relie que deux classes de Savoyards, le riche et le malheureux. — Le Conseil accueille cette protestation qui sera transmise au Comité qui a envoyé la circulaire.

PROPOSITIONS DU CONSEIL

27 Avril 1885. — Proposition Alexandre Agnellet, demandant que toutes les propositions adoptées par le Conseil soient inscrites sur un registre spécial pour faciliter la tâche des Membres du Conseil nouveau.

5 Avril 1892. — Proposition Ed. Poncet. — Toutes les fois qu'une proposition importante sera faite au Conseil, une Commission sera nommée avec mission d'étudier la proposition et de soumettre un rapport à la séance suivante.

PRÉSENTATION DE SOCIÉTAIRES

5 Avril 1892. — Proposition F. Dupont. — A l'avenir, les parrains du Sociétaire nouveau devront fournir un rapport sur la situation du candidat. — Cette proposition n'a pas été discutée.

PUBLICITÉ SUR COMPTE RENDU

15 Juillet 1903. — Le Conseil décide qu'une commis-

sion sera chargée d'examiner les moyens de faire de la publicité sur le Compte rendu annuel, afin d'augmenter les ressources de la Société.

PUBLICATIONS

29 décembre 1903. — Proposition Challamel rappelant l'application de l'art. 19 des Statuts disant qu'aucune publication ne peut être faite au nom de la Société, sans avoir été soumise au Conseil. Or, les rapports semestriels étant publiés dans le Compte rendu, ce dernier doit être soumis au Conseil avant l'impression. — Adopté.

R

RAPATRIEMENT

22 Février 1860. — Le Conseil décide que MM. Ruben et Agnellet feront une démarche près de l'Administration des Chemins de fer Paris-Lyon-Méditerranée, pour obtenir les facilités de rapatriement dont la Société jouit auprès des autres Compagnies.

8 Juillet 1860. — Le Président rend compte des démarches faites près de la Compagnie Paris-Lyon-Méditerranée, afin d'exonérer les Bons de Chemins de fer du contrôle de l'ambassade Sarde. — La Compagnie accorde la dispense en question.

15 Juillet 1879. — Proposition Girod. — Les rapatriements accordés par décision du Conseil ou d'urgence seront insérés au procès-verbal de la séance suivante. — Adopté. — Proposition Costerg. — Aucun rapatriement ne pourra être accordé sans un rapport écrit. — Le Président seul délivre les bons de rapatriements.

14 Novembre 1893. — Proposition Morand. — Un répertoire sera établi pour y inscrire tous les rapatriements ; il devra être consulté à chaque demande. — Adopté.

RECRUTEMENT DE L'AGENT

9 Avril 1864. — Par suite de la démission de l'agent, une circulaire sera envoyée à tous les Membres de la Société pour les mettre à même de présenter des candidats.

12 Octobre 1875. — Une Commission est nommée pour examiner les titres des candidats à l'emploi de l'agent M. Velat, démissionnaire.

RECRUTEMENT DES SOCIÉTAIRES

VOIR CIRCULAIRE DE PROPAGANDE

2 Janvier 1877. — Une somme de soixante francs est accordée à l'agent à titre d'indemnité pour les dépenses qu'il a dû faire, en vue de recruter des adhérents à la Société.

26 juin 1883 (Assemblée Générale du). — Le Président annonce qu'il a fait relever sur les listes électorales le nom de tous les Savoisiens inscrits, afin de solliciter leur admission comme membre de la Société.

6 Mai 1890. — M. le Président Forni communique au Conseil la lettre qui sera adressée aux Conseils Généraux des départements de la Savoie et de la Haute-Savoie, pour obtenir l'adhésion des deux départements comme Membres à perpétuité de la Société. — Les termes de la lettre sont approuvés.

RECONNAISSANCE DE LA SOCIÉTÉ COMME D'UTILITÉ PUBLIQUE

23 Novembre 1893. — En vue d'obtenir l'admission de la Société comme d'utilité publique, le Conseil décide que diverses propositions seront faites à la prochaine Assemblée Générale.

24 Juin 1894 (Assemblée Générale du).— L'Assemblée Générale admet le principe de la demande de reconnaissance d'utilité publique. — Adopté.

14 Avril 1896. — M. Chrétien, Vice-Président, fait connaitre que par décision du 20 mars 1896 rendue après avis du Conseil d'Etat, la Société philanthropique Savoisienne a été reconnue d'utilité publique.

6 Juillet 1896. — Le Président communique au Conseil l'avis de la reconnaissance comme d'utilité publique de la Société Philanthropique Savoisienne. — L'ampliation des demandes sera versée aux archives.

REGISTRE D'INSCRIPTION DES EMPLOIS
VOIR INSCRIPTION D'EMPLOI

REGISTRE DES PROCÈS-VERBAUX EN COURS

15 Juillet 1903. — Proposition Challamel demandant que le registre des Procès-Verbaux en cours soit apporté à chaque séance du Conseil, même en l'absence du Secrétaire. — Le Conseil adopte.

REGISTRE MATRICULE

25 Juin 1869 (Assemblée Générale du). — Le docteur Chesnay propose la reconstitution de la liste des Sociétaires et du registre matricule. — L'Assemblée adopte.

REMERCIEMENTS

20 Décembre 1878. — (Voir Bal) pour remerciements à la Société chorale « Les Allobroges, en raison du concours qu'elle a bien voulu prêter.

S

SINISTRES DIVERS EN SAVOIE

20 Avril 1880. — 100 francs sont votés à chacune des communes (Voir liste des sinistres), de Montaimont et Vallières incendiées. — L'envoi se fera directement à chaque Maire.

20 Février 1883. — 100 francs sont votés à prendre sur les fonds du Bal pour les inondés Savoisiens.

26 Juin 1887 (Assemblée Générale du).— L'Assemblée Générale vote un secours de 200 francs aux incendiés de Saint-Jean-de-la-Porte et 200 francs à ceux de Montaimont.

29 Juin 1890. — Le Conseil accorde 100 francs aux incendiés de Saint-Roch.

25 Juillet 1895. — Demande de secours pour les incendiés de Villette. — Le Conseil décide que cette demande n'est pas statutaire et ne peut être prise en considération.

29 Mars 1898. — 200 francs sont alloués aux incendiés de Grésy-sur-Aix.

12 Avril 1898. — 300 francs sont alloués aux incendiés de Saint-Sorlin.

12 Avril 1898. — 200 francs sont alloués aux incendiés d'Echarvines-Talloires.

A prélever sur les fonds du Bal.

22 Septembre 1899. — Proposition Poncet. — Le Conseil décide qu'il sera pourvu à la création d'une caisse de prévoyance au bénéfice des sinistrés de Savoie au moyen d'un prélèvement de 10 0/0 sur les fonds du Bal; à cette somme la Société ajoutera une somme égale qui ne pourra jamais être dépassée, et cela après modifi-

cation des Statuts. — L'Assemblée Générale du 3 décembre 1899 repousse cette proposition.

22 Novembre 1902. — Le Conseil refuse d'accorder un secours aux incendiés de Villette (anti-statutaire).

SOCIÉTAIRES NOUVEAUX

VOIR PRÉSENTATION DE SOCIÉTAIRES

SECOURS REFUSÉS OU PASSÉS A L'ORDRE DU JOUR

VOIR SECOURS

SECOURS AUX SINISTRÉS DE LA MARTINIQUE

1er Juin 1902 (Assemblée Genérale du). — Proposition Rivollet. — Demandant qu'un secours soit voté en faveur des sinistrés de la Martinique. — L'Assemblée générale repousse cette proposition comme étant anti-statutaire. — Néanmoins une quête sera faite à l'issue de l'Assemblée Générale.

SUBVENTIONS

9 Février 1891. — Grâce au bienveillant appui de M. Jules Roche, député de la Savoie, le Ministre de l'Intérieur accorde un secours de 1000 francs à la Société pour faire une distribution extraordinaire de secours étant donné les rigueurs de l'hiver.

19 Mai 1891. — Le Conseil municipal de Paris renouvelle la subvention de 500 francs, obtenue grâce à notre Président, M. Emile Chautemps.

29 Décembre 1903. — Le Conseil général de la Seine accorde une subvention de 200 francs obtenue sur demande du Conseil.

SÉPULTURES

27 Février 1866. — Proposition de l'abbé Golliet, membre de la Société, s'offrant pour accompagner à leur dernière demeure, tous les Savoyards indigents et demandant à être attaché à la Société comme aumônier. — Le Président remercie tout en réservant le droit de l'Assemblée.

6 Juin 1866. — L'Assemblée rejette la proposition de M. l'abbé Golliet, tendant à être nommé aumônier de la Société.

4 Décembre 1887 (Assemblée Générale du). — Sur proposition Decrette, l'Assemblée Générale décide de supprimer sur les lettres de faire part du décès d'un Sociétaire, ces mots : « Le service religieux aura lieu le » — Voté le 11 juin 1890.

SOCIÉTÉ CORRESPONDANTE
VOIR STATUTS

27 Août 1878. — La Société Philanthropique Savoisienne de Lyon, en formation, demande les Statuts de notre Société pour servir de modèle. — Le Conseil décide que les Statuts seront envoyés.

Sur proposition Morand, la Société Philanthropique Savoisienne de Lyon est nommée Membre correspondant.

5 Avril 1904.— Proposition Morand demandant d'agréer la Société Mutuelle et Philanthropique Savoisienne de Paris comme membre correspondant. — Adopté.

SECRÉTAIRE A LA COMPTABILITÉ

SECRÉTAIRE AUX PROCÈS-VERBAUX

(Voir Archives, 2 août 1882) soins leur incombant.

SAVOISIENNE MARIÉE A UN ÉTRANGER
(SECOURS A UNE)

18 Décembre 1866. — M. Rivaud, Vice-Président, rappelle que l'Assemblée Générale du 24 mai 1857, a décidé qu'il peut être accordé un secours à une Savoisienne, même mariée à un étranger. — Le Conseil revient sur une décision du 4 décembre 1866 qui avait passé à l'ordre du jour une demande analogue.

SECOURS A DOMICILE
VOIR SECOURS

SECOURS

20 Septembre 1870. — Le Conseil décide que vu les circonstances occasionnées par la guerre, la délibération d'un nombre quelconque de Membres assemblés en séance ordinaire sera valable.

23 Septembre 1875. — La Ville de Grenoble demandant une subvention pour un secours. — Le Conseil fait connaître à la municipalité de cette ville que les secours sont distribués seulement aux Savoisiens habitant Paris.

24 Octobre 1876. — M. Atrux propose qu'à l'avenir, les personnes susceptibles d'obtenir des secours, devront en recevoir avis le lendemain de la séance, avec les imprimés ad hoc. Adopté. — M. Atrux propose en outre que l'agent décachète les demandes de secours, pour être envoyées par lui aux divers membres du Conseil. — Le Conseil adopte cette proposition à titre d'essai, la considérant comme peu pratique, attendu que les conseillers peuvent être absents.

6 Avril 1880. — M. Gacon est chargé de voir le curé d'une paroisse de Paris pour un jeune compatriote ne pouvant faire, faute de vêtements, sa 1re communion. — Le Conseil autorise M. Gacon à faire le nécessaire.

19 Septembre 1882. — Proposition Tantet. — Dorénavant, les Indigents auxquels un secours est accordé, devront venir à date et heure fixes. — A cet effet, la convocation indiquera l'heure et le jour où ils pourront percevoir chez le Trésorier.

24 Juin 1884. — Le Conseil adopte et décide de mettre dans le Compte rendu la mention suivante : La Société n'autorise personne à se présenter à domicile, et pour éviter toute surprise, il est bon de renvoyer les solliciteurs au Conseil.

26 Juillet 1892. — Le Conseil adopte le projet de nommer une Commission pour étudier, s'il n'y a pas lieu de changer le mode de distribution de secours.

20 Septembre 1892. — M. Golliet, Président, demande un secours de voyage pour un compatriote ayant trouvé du travail en Suisse. — La demande est rejetée comme anti-statutaire.

25 juin 1893 (Assemblée générale du). — Une quête faite au profit des incendiés de Ponnay a produit la somme de 139 francs.

23 Juin 1894. — Le Conseil ouvre une souscription en faveur des incendiés de Saint-Oyen en Tarentaise, les Statuts de la Société s'opposant à ce qu'un secours soit donné sur les fonds de la Société.

5 Juillet 1898. — Proposition Chrétien. — Les Enquêteurs sont priés de faire connaître aux vieillards indigents, âgés de 70 ans, qui demandent des secours, que l'assistance publique est tenue de leur verser un secours.

28 Mars 1897 (Assemblée générale). — Après discussion, l'Assemblée générale décide que dorénavant aucune somme ne pourra être prélevée sur le bénéfice du Bal pour secours à distribuer à des sinistrés en Savoie. Conséquemment elle refuse les secours demandés pour les incendiés de Langon, de Montaimont et les éboulés du Mont-Blanc. — Voir séance 6 juin 1899.

19 Juin 1903. — Le Conseil décide que lorsqu'une demande de secours a été passée à l'ordre du jour, le solliciteur sera prévenu de la décision du Conseil par une lettre imprimée, à cet effet, afin d'éviter d'autres demandes.

SOCIÉTAIRES PAR QUARTIER

4 Juin 1878. — Proposition Simon. — Demandant la répartition des Sociétaires par quartier. — Le Conseil repousse.

SECOURS D'URGENCE

24 Juin 1884. — Proposition Alexandre Agnellet. — Il ne sera remis de secours d'urgence ou de rapatriement d'urgence que sur la présentation par le demandeur d'un rapport de l'agent, indiquant que le demandeur n'a jamais été rapatrié; et, s'il a reçu des secours, la date du dernier secours obtenu. — Le Conseil vote d'urgence ces deux propositions.

SÉCURITÉ DE L'ACTIF DE LA SOCIÉTÉ
DURANT LA GUERRE DE 1870-71

VOIR DÉCHARGE DES TITRES. — Séance du 8 Août 1871

Séance extraordinaire du 9 Septembre 1870. — Le Président propose la nomination d'une Commission chargée de discuter les mesures à prendre pour la sécurité des fonds de la Société. — Cette Commission se compose des Fondateurs, des Présidents honoraires et Anciens Présidents et Vice-Présidents. — Des Président, Vice-Président et Secrétaire actuels.

T

TABLEAU HISTORIQUE

31 Mars 1885. — Proposition Dézauche. — Un tableau historique de chaque Présidence, relatant les principaux faits de la Présidence, sera établi sur un registre spécial, non sur des feuilles volantes.

TÉLÉPHONE

3 Novembre 1903. — Proposition Hudry demandant que le téléphone soit installé au siège de la Société. — La proposition n'est pas adoptée pour des questions d'ordre financier.

TRÉSORIER

15 Juillet 1879. — Proposition Girod. — Le Trésorier présentera au Conseil, le plus souvent qu'il le pourra, un état de la Caisse comprenant les recettes et dépenses.

U

UTILITÉ PUBLIQUE (voir reconnaissance d')

V

VOYAGE ÉCONOMIQUE EN SAVOIE

Assemblée Générale du 2 Juin 1901.— M. Chautemps, Président honoraire, rend compte à l'Assemblée qu'il poursuit près la Compagnie Paris-Lyon-Méditerranée des démarches ayant pour but de faciliter le transport à prix réduits en Savoie des familles de nos compatriotes qui désirent aller passer le mois d'août en Savoie.

L'Assemblée Générale approuve cette excellente tentative et compte sur tout le dévouement et la haute influence de son Président honoraire pour la faire aboutir

VESTIAIRE

16 Juillet 1885. — Le Président Emile Chautemps propose la création d'un vestiaire pour nos pauvres, alimentés par les dons volontaires des Sociétaires.— Un Conseiller sera spécialement chargé de ce service. — Le Conseil adopte.

16 Juin 1903. — Proposition Périllat tendant à l'organisation d'un vestiaire pour la distribution de couvertures et vêtements aux compatriotes malheureux.— Ce vestiaire sera alimenté par les dons des Sociétaires. — M. Morand, Président, fait connaître que cette proposition faite déjà, en 1885 et en 1894, a été mise à exécution sans résultat : un nouvel essai sera tenté. — Adopté.

VIEILLARDS INDIGENTS

5 Juillet 1898. — Voir secours.

VOTE

6 Mai 1862. — Le Conseil décide que les Bulletins de vote seront imprimés comme précédemment. — Pour être portés sur ces bulletins, les Sociétaires devront se faire inscrire 15 jours d'avance.

VALEURS DE LA SOCIÉTÉ

29 Mars 1879. — Voir Actif de la Société même date.

ACHEVÉ D'IMPRIMER

le vingt-neuf novembre de l'an mil neuf cent quatre

POUR

François-Louis MORAND

SUR LES PRESSES

DE

François DUCLOZ

IMPRIMEUR-ÉDITEUR

A

MOUTIERS-TARENTAISE

(SAVOIE)